Die Deutsche Bibliothek - CIP-Einheitsaufnahme

Adieu, mein kleiner Schnuller : spielerische Schnullerentwöhnung mit Erfolg / [von Margret Nußbaum. Ill.
von Friederike Spengler]. – Augsburg : Pattloch, 1999
  (Elternratgeber & Bilderbuch)
  ISBN 3-629-00375-3

Es ist nicht gestattet, Abbildungen dieses Buches zu scannen,
in PCs oder auf CDs zu speichern oder in PCs/Computern zu verändern oder
einzeln oder zusammen mit anderen Bildvorlagen zu manipulieren,
es sei denn mit schriftlicher Genehmigung des Verlages.

Gedruckt auf chlorfrei gebleichtem Papier.

Pattloch Verlag, Augsburg
©1999 Weltbild Verlag GmbH
Layout und Illustration: Friederike Spengler, Gablingen
Satz: Ruth Bost, Pattloch Verlag, Augsburg
Druck und Bindung: Appl, Wemding
Printed in Germany

ISBN 3-629-00375-3

Elternratgeber & Bilderbuch

Adieu, mein kleiner Schnuller

Spielerische Schnullerentwöhnung
mit Erfolg

von Margret Nußbaum
illustriert von Friederike Spengler

Pattloch

Liebe Eltern,

 Warum liebt mein Kind seinen Schnuller über alles?

 Ist Nuckeln schädlich?

 Wann soll es seinem Schnuller „Adieu" sagen?

 Wie kann ich ihm dabei helfen?

Diese und andere Fragen rund um den Schnuller brennen Müttern und Vätern oft auf der Seele. In diesem Buch werden Sie Antworten finden. Sie werden erfahren, dass Sie liebevoll und sehr behutsam vorgehen müssen, wenn Sie Ihrem Kind den Schnuller abgewöhnen möchten. Denn es ist immer schwer, sich von einer liebgewordenen Gewohnheit zu trennen. Und der Nucki war bisher ein treuer Begleiter Ihres Kindes, auf den es nicht ohne weiteres verzichten möchte. Aber eines Tages ist es soweit: Ihr Kind ist bereit, Abschied von seinem Schnuller zu nehmen.

Das Buch enthält eine Reihe von Tips, die Ihnen helfen, Ihrem Kind die Entwöhnungszeit leichter zu machen.
Der erste Teil des Buches verrät Ihnen einiges über das Seelenleben Ihres Kindes. Sie verstehen immer mehr, warum Ihr Kleines an seinem Nucki hängt und warum es so schwer ist, sich von ihm zu trennen.
Aber Sie erfahren auch, wie Sie es Schritt für Schritt schaffen können, Ihr Kind sicherer zu machen. So wird es immer unabhängiger vom Schnuller – bis es eines Tages bereit ist, ihm „Lebewohl" zu sagen.

Teil zwei enthält eine Bilderbuchgeschichte für Ihr Kind.

In „Adieu, mein kleiner Schnuller" lernt Ihr Kind Mäxchen kennen, das für seinen Schnuller ein Floß baut und ihn auf eine weite Reise schickt.

Inhalt

Warum Kinder einen Schnuller brauchen 8
Der Schnuller kann so gut trösten 9
Ist Nuckeln schädlich? 10
    Bevor Sie einen neuen Schnuller kaufen 11
Mit vier Jahren immer noch ein Nuckelkind? 12
Wehren Sie sich gegen Besserwisser! 13
So machen Sie Ihr Kind stark 14
Wenn die kleine Welt aus den Fugen gerät 15
Balsam für die kleine Kinderseele 16
Ich bin stolz auf dich, mein Kind! 17
Das Entwöhnungstraining: Vier Schritte zum Erfolg 18
  Erster Schritt: Es geht los 19
    Nicht ohne meinen Schnuller! 21
    Die Geschichte vom Schnuller in der Badewanne 21
  Zweiter Schritt: Ihr Kind will es schaffen 23
    So wird es eine gute Nacht 24
  Dritter Schritt: Proben für den Ernstfall 25
    Wenn die Stunde des Abschieds kommt 26
  Vierter Schritt: Endlich geschafft! 27

TEIL 2

Bilderbuch   Adieu, mein kleiner Schnuller 29

Warum Kinder einen Schnuller brauchen

Lange bevor Ihr Kind zur Welt kam, hat es bereits an seinem Däumchen gelutscht. Das Saugbedürfnis ist allen Babys angeboren. In der ersten Zeit ihres Lebens ernähren sich Kinder ausschließlich durch Saugen. Aber es steckt noch mehr dahinter als nur Nahrungsaufnahme. Saugen beruhigt und tröstet. Und das lernen die lieben Kleinen sehr schnell.

Manche Babys nehmen vom ersten Lebenstag an ihr Däumchen genießerisch in den Mund. Andere schaffen es nicht ohne fremde Hilfe. Sie sind unruhig und quengelig und finden erst Entspannung, wenn sie etwas zum Saugen bekommen. Bestimmt war das bei Ihrem Kind auch so. Sie haben ihm den Schnuller gegeben, wenn es weinte. Und es konnte sich beim Nuckeln wunderbar beruhigen und entspannen. Oft ist der Schnuller die letzte Rettung, wenn alle anderen Beruhigungsmethoden fehlschlagen. Er ist ein Segen für Eltern und Babys. Und es gibt keinen Grund, warum Mütter ihrem weinenden Kind diesen Tröster vorenthalten sollten.

Als Ihr Kind noch klein war, konnte es seinen Schnuller nicht selbst in den Mund stecken. Wenn es nachts wach wurde, haben Sie ihm seinen Nucki gegeben. Mittlerweile schafft Ihr Kind das längst selber. Es bestimmt nun, wann es den Schnuller braucht – auch tagsüber. Denn das Größerwerden bringt nicht nur Angenehmes, sondern auch Unsicherheiten und Frustrationen mit sich. Da ist es gut, immer einen verlässlichen Tröster bei der Hand zu haben. Er hilft Ihrem Kind, die Hürden bei den ersten Schritten in die Selbständigkeit zu meistern.

Neben dem Nuckeln hat Ihr Kind vielleicht noch andere Gewohnheiten. Manche Kinder zerwuseln gleichzeitig die Haare. Sie nehmen den Zipfel ihrer Schmusedecke, ihres Kissens, einer Stoffwindel, eines Unterhemdchens. Oder sie können ohne ein Tuch von Mama nicht einschlafen. Und ohne den Teddy läuft sowieso nichts.

All dies hilft Ihrem Kind, weil es eine unabhängige Quelle der Sicherheit bietet. Es kann sich auf sich selbst verlassen und ist nicht mehr bei allem auf die Eltern angewiesen.

Der Schnuller kann so gut trösten

Es gibt viele Situationen im Alltag Ihres Kindes, die es mit Hilfe seines Schnullers besser bewältigen kann. Mit dem Nuckeln verbindet es gute Erfahrungen. Der Schnuller hat ihm schon oft geholfen. Er hat es noch nie im Stich gelassen. Mit ihm lässt sich manches besser ertragen. Hier einige Beispiele:

- Ihr Kind muss zur Vorsorgeuntersuchung. Eigentlich mag es den Kinderarzt. Aber heute hat es absolut keine Lust, sich untersuchen zu lassen. Und ein wenig Angst hat es auch.

- Sie bekommen Besuch von Leuten, die Ihr Kind noch nicht kennt. Es mag ihnen keine Hand geben und nicht mit ihnen reden. Und es mag sich auch nicht von ihnen streicheln lassen.

- Sie selbst stehen unter Druck, weil Sie dringende Terminarbeiten erledigen müssen oder weil Sie gerade ein Fest vorbereiten. Ihr Kind spürt Ihre Nervosität. Und die macht es unsicher.

- Ihr Kind fühlt sich nicht wohl. Vielleicht hat es Schnupfen oder Bauchweh. Oder es brütet eine Kinderkrankheit aus.

- Es ist gerade in einer Trotzphase und stößt immer wieder an Grenzen. Ihr Kind muss lernen, damit umzugehen. Aber das fällt ihm oft sehr schwer.

- In Ihrem Familienleben gibt es Veränderungen: ein Umzug zum Beispiel oder die Geburt eines Geschwisterchens. Kinder werden unsicher, wenn sich die Gewohnheiten in der Familie verändern. Und es dauert eine Zeit, bis sie sich damit abgefunden haben.

- Manchmal ist Nuckeln aber auch eine Trotzreaktion: Wenn Sie Ihr Kind bedrängen, den Schnuller endlich abzugeben, fühlt es sich in die Enge getrieben und denkt: Jetzt erst recht!

 # Ist Nuckeln schädlich?

Trotz aller Vorteile für die kindliche Seele wird Nuckeln oft für Zahnschäden und Kiefermissbildungen verantwortlich gemacht.
Dabei besteht absolut kein Grund zur Panik. Denn Kieferorthopäden sind mittlerweile zu folgender Erkenntnis gekommen: Nuckeln ist nur schädlich, wenn Ihr Kind den Schnuller – schlimmer noch den Daumen – ständig im Mund hat. Und es ist noch lange nicht gesagt, dass Ihr Kind später eine Zahnspange braucht, weil es genuckelt hat. Fehlstellungen der Zähne können nämlich auch erblich bedingt sein. In den ersten Lebensjahren bilden sich Verformungen des Kiefers übrigens von selbst zurück. Erst ab dem vierten Lebensjahr wird es schwieriger.

Im Vergleich zwischen Daumen und Schnuller schneidet der Schuller aus folgendem Grund besser ab: Den Schnuller gibt Ihr Kind irgendwann ab. Aber das Däumchen steht ihm unbegrenzt zur Verfügung. Viele Kinder lutschen sogar im Schulalter immer noch am Daumen. Und dann ist es bereits zu Verformungen des Kiefers gekommen.

Eine unangenehme Begleiterscheinung, die bei Schnullerkindern auftreten kann: Nuckeln könnte die Ursache für häufige Ohreninfektionen sein. Denn finnische Forscher fanden heraus, dass Schnullerkinder fast dreimal so häufig an Ohrenentzündungen erkranken als Kinder, die nicht nuckeln. Dies liegt an der durch das Saugen verstärkten Speichelproduktion, die zur rascheren Ausbreitung von Krankheitskeimen führt. Andererseits gibt es viele Schnullerkinder, die noch nie eine Ohreninfektion hatten. Das Schnullern allein löst sie also bestimmt nicht aus.

Stecken Sie den Schnuller Ihres Kindes bitte nicht in den Mund. Denn eine amerikanische Studie hat ergeben, dass mit dem Speichel der Eltern Kariesbakterien auf das Kind übertragen werden können. Lutschen Sie den Schnuller also nicht ab, wenn er schmutzig geworden ist. Besser ist es, immer einen Ersatzschnuller dabei zu haben.

Bevor Sie einen neuen Schnuller kaufen:

Halten Sie am besten immer gleich mehrere Schnuller in Reserve. Und gewöhnen Sie Ihr Kind allmählich an einen neuen, bevor Sie den alten austauschen. Schnuller aus Kautschuk haben nämlich nach etwa sechs Wochen ihren Dienst erfüllt.

Bei Schnullern gibt es große Qualitätsunterschiede. Wichtig ist, beim Kauf auf das Zeichen GS (Geprüfte Sicherheit) zu achten. Außerdem sollte der Schnuller kieferorthopädisch geformt sein.

In den letzten Jahren ging immer wieder aus Presseveröffentlichungen hervor, dass manche Schnuller MBT (2-Mercaptobenzothiazol) abgeben, einen allergieauslösenden und krebsverdächtigen Stoff. MBT ist eine Chemikalie, die bei der Produktion von Kautschuk-Schnullern verwendet wurde. Das Öko-Test-Magazin hatte seinerzeit 20 Schnuller untersucht und bei 16 Produkten diesen gefährlichen Stoff entdeckt. Viele Eltern kauften daraufhin Silikon-Schnuller. Diese sind aber nicht so beißfest. Wenn Kinder schon Zähne haben, besteht die Gefahr, dass sie feine Silikonspäne losbeißen, die dann zu inneren Verletzungen führen können. Silikon-Schnuller sind also nur eine Alternative für die ersten Lebensmonate. Zum Glück konnte für die Kautschuk-Schnuller längst Entwarnung gegeben werden. Nach neueren Untersuchungen des Öko-Test-Magazins sind MBT-freie Schnuller mittlerweile längst die Regel. Viele Firmen haben dies sogar auf Ihren Produkten angegeben. Genaue Auskünfte erhalten Sie beim Öko-Test-Magazin, Postfach 900766, 60447 Frankfurt, Tel.: 069/97777-230.

Falls Sie mit Ihrem Kind ins Ausland verreisen, nehmen Sie genügend Ersatzschnuller mit. Es ist nämlich möglich, dass in anderen Ländern noch Produkte angeboten werden, die MBT enthalten.

Mit vier Jahren immer noch ein Nuckelkind?

Kein Kind ist wie das andere. Die einen sagen ihrem Schnuller schon mit zwei Jahren Lebewohl. Die anderen möchten ihn sogar mit vier Jahren noch behalten. Kinder müssen selbst bereit sein, ihren Schnuller herzugeben. Wenn er ihnen zu früh fortgenommen wird, entdecken sie oft den Daumen als Nuckelersatz. Viele hartnäckige Daumenlutscher sind nicht selten Kinder, die zu früh und unfreiwillig auf ihren Schnuller verzichten mussten. Wichtig ist es, zwischen dem Nuckeln tagsüber und nachts zu unterscheiden.

Jedes Kind hat sein eigenes Einschlafritual. Da gehört der Schnuller einfach dazu – so wie Teddy, Kissen und Schmusetuch. Kinder, die mit drei oder vier Jahren immer noch ihren Schnuller zum Einschlafen brauchen, sind keine Seltenheit. Die meisten geben ihn allerdings spätestens um den vierten Geburtstag herum freiwillig ab.

Kinder sind kleine Forscher, wenn man sie lässt. Sie wollen alles ausprobieren und ihre kleine Welt mit allen Sinnen entdecken. Es ist richtig, sie darin zu unterstützen. Wenn Kinder nämlich ständig in ihrem Forscherdrang gebremst werden, trösten sie sich nur allzu gern mit dem Schnuller.

Wird die Energie eines Kindes durch den Schnuller auf den oralen Bereich abgeleitet, erlahmt es zwangsläufig in seiner Entdeckerfreude.

Geben Sie Ihrem Kind also nicht gleich bei jeder Unmutsäußerung den Schnuller. Er ist kein Stöpsel gegen schlechte Laune.

Nuckeln tagsüber ist oft nicht mehr als eine liebgewordene Angewohnheit: so wie mancher Erwachsene die Brille putzt, auch wenn sie sauber ist, oder sich beim Nachdenken durch die Haare fährt. Ein Kleinkind steckt nicht selten aus reiner Gewohnheit den Schnuller in den Mund. Und es merkt es oft nicht, wenn die Mama ihm beim Spielen den Schnuller abnimmt.

Wehren Sie sich gegen Besserwisser!

Wahrscheinlich fällt Ihnen gar nicht auf, wie oft Ihr Kind den Schnuller in den Mund steckt. Aber eines Tages ist es dann soweit: Sie werden beim Einkaufen angesprochen oder im Wartezimmer des Kinderarztes: „Ihr Kind nuckelt noch? Da wird es aber bald Zeit, dass Sie ihm das abgewöhnen." Solche Bemerkungen sind unpassend – und vor allem im Beisein Ihres Kindes taktlos. Wenn es nämlich mitbekommt, dass seinem Schnuller soviel Bedeutung beigemessen wird, findet es Nuckeln noch viel interessanter als vorher. Wehren Sie sich gegen Besserwisser und provozieren Sie mit Fragen wie: „Fühlen Sie sich in irgendeiner Weise gestört, wenn mein Kind den Schnuller nimmt?" Wahrscheinlich werden Sie keine Antwort bekommen, denn Ihr Gegenüber ist so verblüfft, dass es ihm die Sprache verschlägt. Und damit haben Sie erreicht, was Sie wollten.

Viele Eltern gewöhnen Ihrem Kind den Schnuller ab, bevor es in den Kindergarten kommt. Das ist ein guter Zeitpunkt. Denn mit dem Eintritt in den Kindergarten ändert sich für Ihr Kind einiges. Es ist stolz, dass es nun schon zu den „Großen" gehört. Dies können Sie sich zunutze machen. Kinder sind nämlich dann eher bereit, ihren Schnuller daheim zu lassen.

Auf der anderen Seite bringt dieser neue Lebensabschnitt auch Verunsicherungen mit sich. Da brauchen Kinder ihren Tröster zu Hause wieder öfter. Nehmen Sie sich in dieser kritischen Phase besonders viel Zeit für Ihr Kind. Denn wenn es beschäftigt ist, vergisst es darüber oft das Nuckeln. Aber manchmal lässt es sich beim besten Willen nicht ablenken. Vielleicht hat es ein Problem aus dem Kindergarten noch nicht verarbeitet. Und dann braucht es nicht nur Mamas ganze Liebe und Zärtlichkeit, sondern auch seinen Schnuller.

So machen Sie Ihr Kind stark

Es gibt immer wieder Situationen im Alltag Ihres Kindes, in denen es besonders viel Zuwendung braucht. Es ist dann anhänglicher als sonst und nimmt öfter den Schnuller. Ihr Kleines ist einfach im Augenblick sehr liebebedürftig. Es hat einen Kummer, gegen den es ansaugt. Aber der Schnuller hilft nur kurzfristig. Das Unwohlsein kommt wieder. Und dann muss der Nucki wieder herhalten. Es ist gut, wenn Sie erkennen, wann Ihr Kind emotional etwas aus dem Lot geraten ist. Verwöhnen Sie es ruhig ein wenig – damit es seinen Schnuller erst gar nicht so oft braucht. Manche Ereignisse im Leben eines Kindes nehmen Eltern gar nicht wahr oder verharmlosen sie. Für ein dreijähriges Kind kann eine Welt zusammenbrechen, wenn die Puppe kaputtgeht oder der Freund aus dem Kindergarten nicht mehr mit ihm spielen will. Wir Erwachsenen wissen: Das Spielzeug lässt sich reparieren oder durch ein neues ersetzen. Der Streit mit dem Freund ist schon morgen vergessen. Aber Kinder leben in der Gegenwart. Sie haben noch nicht den Erfahrungsschatz, der sie lehrt: Es wird alles wieder gut. Der Schnuller ist dann wie ein Strohhalm, nach dem Ihr Kind als kleiner Schiffbrüchiger greift. Aber wie soll ein Kind lernen, mit Enttäuschungen fertigzuwerden, wenn es sich immer nur über den oralen Bereich trösten lässt? Es braucht verständnisvolle Eltern, die ihm zuhören und seinen Kummer ernst nehmen, die es streicheln und liebkosen. Sie können Ihrem Kind nicht oft genug sagen, wie lieb Sie es haben. Sie wissen zwar selbst am besten, wie sehr Sie Ihr Kind lieben. Aber das sollten Sie ihm auch zeigen. Kinder, die fühlbar und sichtbar geliebt werden, sind stark. Sie entdecken Kraftquellen in sich selber. Und dabei verliert der Schnuller immer mehr an Bedeutung.

Wenn die kleine Welt aus den Fugen gerät

Vielleicht hat Ihr Kind sich das Nuckeln fast schon abgewöhnt. Da passiert etwas, das sein Leben total auf den Kopf stellt. Es geht zum ersten Mal in den Kindergarten. Vielleicht gibt es Anfangshürden, die es überwinden muss. Am liebsten würde es den Nucki morgens in die Kindergartentasche stecken. Aber es hat Angst davor, ausgelacht zu werden. Ihr Kind ist in einem Zwiespalt, aus dem Sie ihm heraushelfen können. Es braucht in einer solchen Krisensituation einfach mehr Rituale als sonst – vor allem morgens, bevor Sie es zum Kindergarten bringen. Nehmen Sie sich Zeit, noch eine Weile mit Ihrem Kind im Bett zu kuscheln und ihm eine Geschichte zu erzählen. Legen Sie den Schnuller auf den Platz des Kindes. „Der Schnuller wartet hier auf dich. Du kannst also getrost in den Kindergarten gehen. Wenn du wiederkommst, liegt er immer noch am gleichen Platz."

Oft gerät die Welt eines Kindes auch aus den Fugen, wenn ein Geschwisterchen zur Welt kommt. Der Einzug eines Babys in die Familie bringt das Seelenleben des älteren Kindes in Aufruhr. Bisher hat Ihr Kind Ihre Liebe und Fürsorge für sich allein als selbstverständlich hingenommen. Nun ist ein Baby da und fordert mindestens ebensoviel Zuwendung. Es kann dann sein, dass Ihr ältestes Kind wieder Baby-Allüren annimmt: Es nuckelt, möchte getragen werden und wieder eine Windel anziehen. Ihr Kind möchte Sie damit nicht ärgern. Es kann sich nicht anders verhalten. Denn Sie sprechen zu Ihrem Baby in einer Sprache, die sehr viel Zärtlichkeit ausdrückt. Ihr Ältestes folgert daraus: „Wenn ich selbst wieder ein Baby werde, findet mich die Mama toll."

Es bringt nichts, wenn Sie Ihrem Kind Vorhaltungen machen, weil es wieder den Schnuller nimmt. Bemuttern Sie es ruhig mehr als sonst. Nehmen Sie vom Schnuller keine Notiz. Gehen Sie aber in dieser Situation besonders einfühlsam auf Ihr großes Kind ein. Denn es leidet darunter, dass sich der Alltag geändert hat, seit das Baby da ist. Ihr Kind braucht Zeit, sich daran zu gewöhnen. Und da kann der Schnuller eine große Hilfe sein.

Ich bin stolz auf dich, mein Kind!

Fördern Sie die Entdeckerfreude Ihres Kindes! Machen Sie ihm Mut, auch mal Risiken einzugehen. Aber ersparen Sie ihm dabei bitte zu viele Misserfolge. Finden Sie heraus, wo seine Stärken liegen, und unterstützen Sie es darin. Kinder, die über sich jammern und immer wehleidig sind, bringen damit oft zum Ausdruck: „Ich kann mich zur Zeit nicht richtig leiden, weil mir vieles nicht gelingt." Helfen Sie Ihrem Kind, sich selbst in einem besseren Licht zu sehen. Wenn es etwa mit Vorliebe malt, schenken Sie ihm einfach mal außer der Reihe ein paar Malstifte und einen schönen Malblock: „Ich bin stolz auf dich, weil du so gut malen kannst!" Sie werden sehen: Die trüben Gedanken Ihres Kindes verschwinden ganz von allein. Es wird sich aufs Malen konzentrieren und nicht mehr an seinen Schnuller denken. Beweisen Sie Ihrem Kind aber auch, dass es Ihnen ernst mit Ihrer Schwärmerei für seine Bilder ist. Hängen Sie sie an gut sichtbarer Stelle auf.

Nehmen Sie Anteil an dem, was Ihr Kind gerade tut. Denn sein Selbstvertrauen hängt unmittelbar mit der Aufmerksamkeit zusammen, die es täglich von Ihnen bekommt. Verwickeln sie es möglichst oft in ein Gespräch. Setzen Sie sich einfach mal zu ihm, wenn es gerade allein spielt. Das tut ihm gut. Denn es spürt: Mama interessiert sich für mich. Kinder kramen gern in der Vergangenheit herum.

Bestimmt hat Ihr Kind Sie schon öfter gebeten: „Erzähl mir von der Zeit, als ich noch ein Baby war!" Das gemeinsame Anschauen von Bildern, das Erzählen von Dingen, die längst zurückliegen – all dies ist für Ihr Kind wichtig. Es erfährt dabei: Mama hat mich lieb, seit ich auf der Welt bin.

Kinder mögen es auch, wenn Eltern aus ihrer eigenen Kindheit erzählen. Und nun sind wir auch schon mitten drin im Entwöhnungstraining für den Schnuller. Vielleicht hatten Sie auch als Kind einen Schnuller. Erzählen Sie Ihrem Kind davon. Nehmen Sie dann einen Schnuller Ihres Kindes in den Mund. Ihr Kind wird sich ausschütten vor Lachen. Sie antworten: „So komisch sieht es aus, wenn große Leute am Schnuller nuckeln!"

Balsam für die kleine Kinderseele

Ihr Kind kann nur herzhaft lachen, wenn es seinen Schnuller nicht im Mund hat. Lachen und albern Sie deshalb viel mit ihm. Lustige Spiele mit Mama und Papa sind Balsam für seine kleine Seele. Stellen Sie sich mit ihm vor einen Spiegel und schneiden Sie Grimassen. Ihr Kind schneidet eine, dann Sie. Bei wem sieht's lustiger aus? Spielen Sie Hund oder Katze und krabbeln Sie mit ihm durch die ganze Wohnung. Oder: Stellen Sie Ihr Kind auf Ihre Füße. Fassen Sie es an den Händen. Und dann geht's mit Riesenschritten von Zimmer zu Zimmer. Besonders lustig wird es, wenn Ihr Kind sich dabei auch mal selbst im Spiegel sehen kann. Denken Sie sich lustige Fingerspiele aus, und machen Sie Hoppe-Reiter mit Ihrem Kind, so oft es das möchte. Damit geben Sie schlechter Laune erst gar keine Chance.

Verscheuchen Sie den Ernst aus Ihrem Alltag! In vielen Situationen steckt auch eine gewisse Komik. Versuchen Sie, diese zu entdecken. Ein Beispiel: Ihr Kind hat nicht aufgeräumt. Schimpfen Sie nicht! Versuchen Sie doch einmal eine ganz andere Methode! Sagen Sie: „Wo ist er nur, der böse Zwerg Räum-nicht-auf? Verschwindet einfach und lässt das Durcheinander liegen! Nun musst du wohl leider selbst aufräumen, sonst kann ich dich nicht mehr in deinem Zimmer besuchen. Denn da ist ja kein Platz mehr zum Treten. Aber ich könnte es ja mal mit Fliegen versuchen!" Ob Ihr Kind gut oder schlecht gelaunt ist, liegt oft daran, wie humorvoll Sie kritische Situationen meistern.

Lassen Sie Ihr Kind möglichst viel erzählen. Und hören Sie ihm zu. Kinder bekommen sehr schnell mit, wenn Erwachsene nicht ganz bei der Sache sind. Merken Sie sich möglichst viele Einzelheiten, wenn Ihr Kind Ihnen etwas erzählt. Es spürt dann, dass es für Sie ganz wichtig ist.

Das Entwöhnungstraining: Vier Schritte zum Erfolg

Wenn Sie Ihrem Kind helfen möchten, bald seinen Schnuller abzugeben, sollten Sie dabei Schritt für Schritt vorgehen:

1. Achten Sie darauf, dass Ihr Kind den Schnuller tagsüber immer seltener in den Mund steckt. Wenn Sie sich viel Zeit nehmen und Ihr Kind beschäftigen, vergisst es seinen Nucki. Es braucht ihn dann bald nur noch nachts.

2. Irgendwann ist Ihr Kind bereit, seinen Schnuller abzugeben. Aber das schafft es nicht ohne Ihre Hilfe. Loben Sie es für seinen Entschluss und denken Sie sich mit ihm zusammen aus, was mit dem Schnuller passieren soll.

3. Bevor Ihr Kind seinem Schnuller endgültig Lebewohl sagt, unternimmt es mehrere Versuche, die aber in der Regel fehlschlagen. Ermutigen Sie Ihr Kind, es ein anderes Mal wieder zu versuchen, wenn es sich stark genug fühlt.

4. Ihr Kind hat es geschafft. Aber die ersten Tage können hart sein. Sie müssen ihm über den Verlust hinweghelfen.

Wann der richtige Zeitpunkt ist, mit dem Entwöhnungstraining zu beginnen, sollten Sie von Ihrer Stimmung und der Ihres Kindes abhängig machen. Veränderungen im Familienalltag erschweren die Entwöhnung. Gut sind Zeiten, in denen kein Abweichen von der normalen Familienroutine zu erwarten ist. Ungünstig ist alles, was Ihnen Zeit für Ihr Kind raubt: Feste, Überstunden im Büro, Krankheitsfälle in der Familie usw. Wichtig ist: Wie lange Ihr Kind braucht, sollten Sie ihm überlassen. Manche Kinder schaffen es erst nach drei Monaten. Andere sind nach einer Woche schon bereit, ihrem Schnuller „Adieu" zu sagen. Das ist von Kind zu Kind unterschiedlich. Verlieren Sie bitte nie die Geduld. Denn dann wären alle Bemühungen umsonst. Ihr Kind darf sich nicht unter Druck gesetzt fühlen.

Erster Schritt: Es geht los

Ihr Kind soll spüren, dass es viele Vorteile hat, wenn man größer wird. Beginnen Sie allmählich, seinen Erfahrungsbereich auszubauen. Beziehen Sie es mehr in Ihren Tagesablauf mit ein. Kinder blühen regelrecht auf, wenn sie ihren Eltern zur Hand gehen dürfen. Lassen Sie sich von Ihrem Kind helfen, und loben Sie es dafür – auch wenn es für Sie im Augenblick vielleicht keine Hilfe ist. Wenn es mit der Mama backt oder ihr im Büro „hilft", wenn es mit dem Papa im Garten arbeitet oder das Auto repariert, dann gibt ihm das ein gutes Gefühl. Ihr Kind spürt: „Ich gehöre dazu. Meine Eltern nehmen mich ernst." Das lässt es ganz groß werden. Sie können sicher sein, dass Ihr Kind bei solchen Arbeiten den Schnuller vergisst. Er passt einfach nicht zu jemandem, der mit dem Rechen das Gartenbeet bearbeitet oder emsig einen Teig knetet.

Lassen Sie Ihrem Kind genügend Zeit, alles Neue auszuprobieren. Bei Kindern geht immer alles eine Gangart langsamer. Es entmutigt Ihr Kleines, wenn Sie es immer wieder zur Eile antreiben. Und dann muss der Schnuller zum Trösten her. Fest steht: Je mehr Zeit Sie sich bei der Entwöhnung vom Schnuller für Ihr Kind nehmen, desto schneller wird es ihn vergessen. Belohnen Sie Ihr Kind beim Großwerden also mit viel Zeit: zum Spielen, Schmusen, Träumen.

Natürlich ist es nicht immer einfach, ein Kind zu beschäftigen, wenn man selbst alle Hände voll zu tun hat. Aber Sie sparen Zeit und Ärger, wenn Sie Ihrem Kind zwischendurch immer wieder neue Spielanreize geben. Es bleibt bei Laune und verlangt nicht nach seinem Schnuller. Und Sie können ungestört eine Weile arbeiten.

Hier ein paar Anregungen, wie Sie Ihr Kind während Ihrer Arbeit beschäftigen und ablenken können:

- Lassen Sie Ihr Kind beim Zusammenstellen des Mittagessens helfen: Was sollen wir kochen? Was brauchen wir dafür? Schauen Sie mit ihm gemeinsam in den Vorratsschränken nach und schreiben Sie einen Einkaufszettel. Lassen Sie es im Supermarkt beim Suchen der Sachen helfen. Das lenkt ab und gibt ihm das Gefühl, dass es Ihnen helfen kann.

- Geben Sie Ihrem Kind ein paar Töpfe, Schüsseln und Rührlöffel und lassen Sie es beim Waschen von Gemüse,

Kartoffeln und Salat helfen. Es kann einen Kaltpudding anrühren, Besteck einsortieren oder den Tisch decken.

- Wenn Sie das Bad saubermachen, lassen Sie Ihr Kind eine ausgiebige Puppenwäsche halten. Stellen Sie ihm eine große Schüssel mit Wasser und Babyseife auf den Fußboden. Es kann die abwaschbaren Puppenkinder und Stofftiere baden und anschließend Puppenkleider waschen.

- Wenn Sie selbst putzen, können Sie Ihrem Kind keine größere Freude bereiten, als ihm ebenfalls einen kleinen Lappen in die Hand zu drücken. Kinder putzen nämlich für ihr Leben gern.

- Geben Sie Ihrem Kind verschiedene Dinge zum Ausprobieren: Was schwimmt, und was geht unter? Bauen Sie auf die Schnelle ein paar Boote: Auf ein Stückchen Schwamm ein Fähnchen stecken oder Papierschiffchen falten. Lassen Sie Ihr Kind mit Bechern, Sieb, Trichter und Schneebesen hantieren: Wasser schöpfen, durchs Sieb rieseln lassen und mit dem Schneebesen etwas Babybad zu Schaum schlagen.

- Versuchen Sie, Ihren Arbeitsablauf so zu planen, dass Sie danach draußen oder im Trockenkeller Wäsche aufhängen. Ihr Kind kann die Puppenkleider an seiner eigenen Wäschespinne festklammern. Geben Sie ihm aber statt der Mini-Wäscheklammern aus dem Spielzeugladen Ihre Klammern in die Hand. Sie sind griffiger und für Kinder viel leichter zu handhaben. Außerdem macht es Ihrem Kind mehr Spaß, mit den Dingen zu hantieren, die Sie auch benutzen.

Nicht ohne meinen Schnuller!

Wenn Sie ein besonders hartnäckiges Nucki-Kind haben, hilft oft alles nichts. Es möchte seinen Schnuller einfach nicht hergeben. Schließen Sie einen Kompromiss. Er könnte so aussehen: Sie sagen Ihrem Kind, dass es noch eine Weile nuckeln soll. Aber vereinbaren sie mit ihm, dass es den Schnuller im Kinderzimmer lässt, wenn es Ihnen bei der Arbeit hilft oder sie beim Einkaufen begleitet.
Erzählen Sie ihm eine kleine Geschichte, etwa die vom Schnuller in der Badewanne.

Die Geschichte vom Schnuller in der Badewanne

Es war einmal ein kleiner Schnuller. Er gehörte Nicki. Nicki mochte seinen Schnuller sehr. Er steckte ihn morgens in den Mund und nahm ihn immer nur zum Essen heraus. Aber dann lag der kleine Schnuller neben Nickis Teller. Und wenn Nicki den letzten Bissen gekaut hatte, wanderte der Schnuller sofort wieder in seinen Mund. Einmal abends saß Nicki in der Badewanne. Und der Schnuller saß in Nickis Mund. Nicki baute aus dem Badeschaum Berge. Da kam sein Papa ins Badezimmer. Er zog sich aus und setzte sich zu Nicki in die Wanne. Nicki badete gern mit seinem Papa. Das war immer sehr lustig. Papa machte Nicki aus Schaum eine Frisur und einen Bart. Und Nicki machte für Papa einen Schaumbart. Papa formte sich aus Schaum selbst eine Frisur – ganz lang und ganz spitz – wie eine Zipfelmütze. „Jetzt bin ich ein richtiger Badewannenschaumzwerg", sagte Papa. Nicki musste darüber so lachen, dass der kleine Schnuller ins Badewasser fiel. Nicki holte ihn heraus. Nun hatte der Schnuller auch einen Bart. „Ein richtiger kleiner Schnullerbadewannenschaumzwerg!", sagte Papa. Darüber musste Nicki noch mehr lachen. Vor lauter Lachen ließ er seinen kleinen Schnuller los. Er fiel wieder ins Badewasser. Diesmal war der Bart noch etwas länger. Da hatte Papa plötzlich eine tolle Idee. „Weißt du was, Nicki", sagte er. „Wir machen aus deinem kleinen Schnuller einen Zwerg. Den hängen wir in deinem Kinderzimmer auf. Und

er erzählt dir jeden Abend eine lustige Zwergengeschichte." „Au ja!", jubelte Nicki. Papa und Nicki stiegen aus der Wanne. Sie rubbelten sich mit einem weichen Badetuch trocken. Dann zog Nicki seinen Schlafanzug an. Und Papa schlüpfte in seinen Bademantel. Sie trockneten den kleinen Schnuller ab. Papa malte ein Zwergengesicht auf den Schnuller. Und er klebte aus Watte einen Bart an. Dann setzte er dem Schnullerzwerg noch ein Mützchen auf. Von diesem Tag an brauchte Nicki seinen kleinen Schnuller nicht mehr zum Nuckeln. Denn aus dem Schnuller war ja ein Zwerg geworden, der ihm jeden Abend eine lustige Einschlafgeschichte erzählte.

Vielleicht ist Ihr Kind von dieser Geschichte so begeistert, dass es abends auch seinen Schnuller mit in die Badewanne nehmen möchte. Und vielleicht ist es ja sogar wie Nicki bereit, ihn in einen kleinen Zwerg zu verwandeln? Aber denken Sie bitte daran: Der Wunsch sollte von Ihrem Kind selbst kommen. Überreden Sie es nicht zu Dingen, die ihm nachher leid tun. Dann klappt es beim nächsten Anlauf nicht mehr so gut. Ihr Kind wird dann nur misstrauisch. Nehmen Sie bitte auch nicht andere Kinder als Maßstab – auch nicht Nicki aus unserer Geschichte. Lesen Sie sie Ihrem Kind völlig wertfrei vor. Denn es braucht Zeit, sich allmählich mit dem Gedanken auseinanderzusetzen: Eigentlich könnte ich ja auch meinen Schnuller bald abgeben. Vermeiden Sie auf alle Fälle negative Bemerkungen wie: „Die anderen Kinder im Kindergarten haben längst keinen Schnuller mehr."

Zweiter Schritt:
Ihr Kind will es schaffen

Eines Tages ist es dann soweit. Ihr Kind braucht den Schnuller tagsüber nicht mehr. Es ist so gefestigt und viel beschäftigt, dass es ihn überhaupt nicht vermisst. Nun sollten Sie ihm helfen, auch nachts allmählich Abschied von seinem Nucki zu nehmen. Überlegen Sie einmal, womit Sie Ihrem Kind eine besondere Freude machen könnten. Vielleicht wünscht es sich schon seit langem ein neues Spielzeug. Oder es würde so gern einmal wieder mit Ihnen zum Zoo oder zum Märchenpark fahren. Erzählen Sie ihm – vielleicht abends als Einschlafgeschichte – vom Schnullerzwerg, in dessen Land die Schnuller auf den Bäumen wachsen. Immer wenn ein Kind seinen Schnuller nicht mehr braucht, darf es sich etwas vom Schnullerzwerg wünschen. Er möchte dafür den Schnuller haben. Und er kommt nachts und holt ihn ab. Aber das Kind muss ihn selbst auf die Fensterbank legen und ein kleines Licht brennen lassen, damit der Zwerg das Kinderzimmer findet. Helfen Sie Ihrem Kind bei seinen Überlegungen, was es sich vom Schnullerzwerg wünschen könnte. Hier ein paar Beispiele:

- eine Schatzkiste mit kleinen Überraschungen;
- ein neues Märchenbuch;
- eine Einladung ins Puppentheater;
- eine Zirkusvorstellung;
- ein Fest für die Kuscheltiere – mit Kakao in Puppentassen, Keksen als Teddykuchen und Nachbarskindern als geladenen Gästen;
- ein neues Stofftier;
- ein Wochenende bei den Großeltern;
- Ergänzungen zu seinem Lieblingsspielzeug

Lassen Sie sich Zeit, dies gemeinsam mit Ihrem Kind zu überlegen. Es sollte ein Wunsch sein, der ihm auf der Seele brennt und für den der Einsatz sich lohnt. Denn immerhin muss es sich von einer liebgewordenen Gewohnheit trennen.

Schenken Sie Ihrem Kind nun besonders viel Liebe und Zärtlichkeit. Es steht ja vor einer schwierigen Entscheidung. Lassen Sie sie in Ruhe reifen. Ihr Kind sollte nichts überstürzen und seinen Schnuller wirklich aus freien Stücken und aus Überzeugung abgeben. Fehlt die Überzeugung und gibt Ihr Kind den Schnuller nicht freiwillig ab, wird es schnell rückfällig. Nehmen Sie sich vor allem abends vor dem Zubettgehen viel Zeit.

So wird es eine gute Nacht

Alle Kinder möchten das Zubettgehen so lange wie möglich hinauszögern. Und ohne ihr geliebtes Einschlafritual läuft sowieso nichts. Vor dem Einschlafen braucht Ihr Kind Sie ganz besonders. Wenn Sie mit ihm kuscheln, es liebevoll in Ihren Arm nehmen, eine Geschichte vorlesen oder erzählen gibt ihm das Sicherheit für die Reise ins Land der Träume. Schon die kleinsten Abweichungen vom üblichen Ritual haben Folgen. Ihr Kind wird quengeln und Sie längere Zeit auf Trab halten. „Mama, ich hab noch Durst!" oder „Mein Teddy ist nicht zugedeckt!" oder „Mein Nucki ist verschwunden!" – alle Eltern kennen solche und andere Verzögerungstaktiken. Sorgen Sie für einen harmonischen Abend. Wenn Ihr Kind die Gewissheit hat, dass Sie sein Ritual wichtig nehmen, kann es umso besser loslassen. Und loslassen soll es ja demnächst etwas, nämlich seinen Schnuller.

Vermeiden Sie vor allem abends alles, was den Familienfrieden stört. Ihr Kind kann nicht gut schlafen, wenn Sie mit Ihrem Partner vorher gestritten haben. Kinder haben so feine Antennen. Sie können noch nicht zwischen einer harmlosen und einer ernsten Auseinandersetzung unterscheiden. Oft steckt die Angst dahinter, von den Eltern allein gelassen zu werden. Und wie soll ein Kind da noch die Nacht ohne Schnuller überstehen?

Bevor Ihr Kind seinen Schnuller endgültig abgibt, sollten Sie ihm eine Übergangslösung anbieten. Vielleicht legen Sie den Schnuller in ein eigenes Bettchen. Dies kann ein kleines Puppenbett sein oder eine Schachtel, die Sie mit Stoffresten zu einem Bett umfunktionieren. Jedesmal, wenn Ihr Kind eine Nacht ohne Schnuller durchgehalten hat, liegt am nächsten Morgen eine kleine Überraschung im Schnullerbett. Die hat der Schnullerzwerg hineingelegt. Machen Sie ihn also ruhig jetzt schon zu Ihrem Verbündeten. Vielleicht möchte der Schnullerzwerg sich den Schnuller aber auch mal für eine Nacht ausleihen. Erzählen Sie Ihrem Kind, dass der Zwerg ihn garantiert bis zum nächsten Morgen wieder zurückbringt. So lernt Ihr Kind, dass nichts gegen seinen Willen geschieht.

Dritter Schritt:
Proben für den Ernstfall

Nun dauert es nicht mehr lange. Im Prinzip ist Ihr Kind bereit, seinem Schnuller endgültig „Adieu" zu sagen. Aber es braucht noch etwas Zeit. Deshalb ist das Spiel mit dem Schnullerzwerg ja auch so wichtig. Es weiß, dass es seinen Nucki jederzeit zurückbekommen kann, wenn es ihn nur probeweise mal für eine Nacht abgegeben hat. Abschiednehmen tut weh. So etwas geht nicht von heute auf morgen. Bringen Sie Ihrem Kind viel Verständnis entgegen, wenn es auch nach mehreren Anläufen immer noch nicht klappt. Machen Sie ihm vor allem keine Vorwürfe. Aber bestärken Sie Ihr Kind darin, den Abschied vom Schnuller nicht zu lange hinauszuzögern. Kann sein, dass es einfach noch mal eine Ermunterung braucht. Vielleicht gibt es Ihrem Kind den letzten Anstoß, wenn Sie sagen: „Morgen soll es regnen. Stell dir vor, da wird der Schnullerzwerg ganz nass. Und vielleicht wird dann auch die Überraschung nass, die er für dich mitbringt." Vielleicht können Sie aber auch mit Ihrem Kind am Abend noch einen Spaziergang machen. Sprechen Sie mit ihm darüber, wie es sich am nächsten Morgen freuen wird. „Dann hat der Schnullerzwerg endlich dein Geschenk gebracht. Und weißt du was? Wir werden es auspacken, wenn du noch im Bett liegst."

Bestärken Sie Ihr Kind darin, die Sache nun zu Ende zu bringen. Erzählen Sie ihm aus der Zeit, als sie noch ein Kind waren. Wann haben Sie den Schnuller abgegeben? Was haben Sie mit ihm gemacht? Haben Sie auch eine Überraschung bekommen? Sagen Sie ihm, wie stolz Sie damals waren, endlich zu den Großen zu gehören. Ihr Kind sollte nun den Tag, an dem es seinen Schnuller abgibt, bestimmen. Wenn es mit seiner Entscheidung noch zögert, können Sie ihm helfen. Schreiben Sie die nächsten fünf Tage auf Blätter. Ihr Kind darf auf jedes Blatt etwas malen. Dann legen Sie die Blätter verdeckt auf den Tisch. Ihr Kind zieht eines. Das ist der Nucki-Abschiedstag.

Wenn die Stunde des Abschieds kommt

Und dann ist es soweit: Ihr Kind gibt den Schnuller ab. Vielleicht legt es ihn für den Schnullerzwerg auf die Fensterbank. Oder es macht etwas ganz anderes mit seinem Nucki. Hier einige Beispiele:

Ihr Kind schickt seinen Schnuller – wie Mäxchen aus unserer Geschichte – auf eine Reise – vielleicht auch mit einem kleinen Floß, das den Bach entlangsegelt, bis der Schnuller nicht mehr zu sehen ist.

Ihr Kind kann ihn auch im Garten an seinem Lieblingsplatz vergraben. Denn genau unter diesem Platz verlaufen die unterirdischen Gänge des Schnullerzwergs. Er holt den Schnuller in der Nacht ab und nimmt ihn mit.

Sie binden den Schnuller an einen Gasballon und lassen ihn davonschweben. Überlegen Sie mit Ihrem Kind, wo er wohl landet. Vielleicht ergibt sich daraus eine Fortsetzungsgeschichte, die Ihr Kind über die erste Zeit ohne Schnuller hinwegtröstet.

Sie hängen den Schnuller in den Lieblingsbaum Ihres Kindes. Es ist der Schnullerbaum. Der Schnullerzwerg holt den Schnuller dort ab. Und am nächsten Morgen liegt neben dem Geschenk ein Brief unter dem Baum. Absender: Der Schnullerzwerg aus dem Schnullerland. Er schreibt, dass er stolz auf Ihr Kind ist. „Herzlichen Glückwunsch! Du bist jetzt schon groß und brauchst keinen Schnuller mehr. Dein Wunsch ist in Erfüllung gegangen. Pack das Paket rasch aus!"

Sie packen den Schnuller in ein Päckchen und schicken ihn zum Schnullerzwerg. Falls Ihr Kind darauf besteht, mit Ihnen zur Post zu gehen, weihen Sie den Postbeamten vorher ein. Ihr Kind kann für den Schnullerzwerg ein Bild malen. Und Sie schreiben ihm ein paar Zeilen. Am nächsten Morgen ist natürlich das Paket vom Schnullerzwerg für Ihr Kind da. Er schreibt, dass der Schnuller gut angekommen ist. Und er schickt das versprochene Geschenk.

Der vierte Schritt: Endlich geschafft!

„Ich will meinen Schnuller wiederhaben!", schreit Ihr Kind. Haben Sie es nur geträumt? Nein, es ist Wirklichkeit. Ihr Kind hat unruhig geschlafen. Und als es morgens sein Geschenk sieht, möchte es nichts mehr davon wissen. Die Gewissheit, dass der Abschied nicht mehr rückgängig zu machen ist, schmerzt. Diese Reaktion ist gar nicht so selten. Und Sie sollten sie vorher in Ihre Überlegungen mit einbeziehen. Besorgen Sie aber nicht sofort einen Ersatzschnuller. Helfen Sie Ihrem Kind statt dessen, mit seinem Kummer fertig zu werden. Den sollten Sie allerdings nicht bagatellisieren. Ihr Kind würde sich unverstanden fühlen. Denn sein Schmerz ist riesengroß. Es braucht in einer solchen Situation Eltern, die Mitgefühl und Verständnis zeigen.

Sagen Sie Ihrem Kind: „Es ist schlimm für dich, dass dein Schnuller nicht mehr da ist. Bestimmt bist du jetzt traurig. Das verstehe ich. Denn du hast deinen Schnuller ja gern gehabt. Jetzt ist er fort, und du musst dich daran gewöhnen. Das dauert ein wenig. Aber bald geht es dir besser. Ganz bestimmt. Komm, ich nehme dich jetzt ganz fest in den Arm. Als ich einmal sehr traurig war, hat mich der Papa auch in den Arm genommen. Und das hat mir sehr geholfen." Wenn Sie so mit Ihrem Kind sprechen, merkt es, dass Sie seinen Kummer ernst nehmen. Erzählen Sie ihm eine Situation, in der auch Sie Abschied nehmen mussten, aber schließlich doch damit fertig wurden.

Der beste Trost ist immer noch die Zuneigung und Aufmerksamkeit, die Sie Ihrem Kind schenken. Und die sollten Sie nicht zu knapp bemessen. Denn Kinder können vom Schmusen und Kuscheln mit Mama und Papa gar nicht genug bekommen. Der Hautkontakt ist Nahrung für ihre Seelen. Sanftes Streicheln, in den Arm nehmen und schaukeln – dabei leise singen – all das kann Wunder wirken.

Ihr Kind fühlt sich durch ihre liebevolle Zuwendung und die Zärtlichkeit Ihrer Worte getröstet.

Vielleicht tut es ihm auch gut, wenn Sie sich zu ihm ins Bett legen und es in den Arm nehmen. Das erleichtert es ihm, trotz Kummer einzuschlafen. Und wenn Ihr Kind am nächsten Tag immer noch seinem kleinen Schnuller nachtrauert, hilft Ablenkung am besten: ein Zoobesuch außer der Reihe, mal ganz allein am Abend mit dem Papa zum Spielplatz gehen oder mit Mama eine Zugfahrt machen.

Vielleicht hilft es Ihrem Kind, wenn Sie neue Gewohnheiten einführen. Schauen Sie am Abend gemeinsam den Sternenhimmel an. Oder legen sie sich zu Ihrem Kind aufs Bett und hören zusammen eine Märchen-CD, die es besonders mag. Und Zeit heilt alle Wunden. Es dauert nicht lange, und Ihr Kind ist über den Verlust hinweggekommen. Sie können stolz sein, dass es durchgehalten hat. Diese erste Bewährungsprobe hat Ihr Kind stark gemacht. Bald werden Sie belustigt feststellen, wie schnell es seinen Schnuller als ein Relikt aus längst vergangener Zeit sieht. Da sagt der dreijährige Tobias – gerade mal selbst drei Wochen ohne Schnuller – zu seiner Mama: „Du, Mama, schau mal! Die Lisa nimmt immer noch den Schnuller, obwohl sie doch schon so groß ist!"

Soviel zum ersten Teil des Buches für Sie als Eltern. Es geht nun weiter mit einer Bilderbuchgeschichte für Ihr Kind. „Adieu, mein kleiner Schnuller!" ist die Geschichte eines Kindes, das sich partout nicht von seinem Schnuller trennen möchte. Eines Abends verliert Mäxchen seinen Schnuller – so wie das allen Nucki-Kindern mal passiert. Aber zum Glück hat es Mama und Papa, die suchen und finden helfen. Mäxchen spricht etwas komisch, weil es meistens den Schnuller im Mund hat. Darüber wird Ihr Kind lachen. Aber bestimmt wird es darüber auch nachdenken und fragen: „Spreche ich auch so wie das Mäxchen aus dem Buch?" Einmal wird Mäxchen ausgelacht, und da reicht es ihm. Es möchte nun endlich groß sein und seinen Schnuller abgeben. Wie es das schafft und den Abschied verkraftet, davon erzählt dieses Bilderbuch.

Ich würde mich freuen, wenn Ihnen der erste Buchteil geholfen hat, Ihr Kind besser zu verstehen und ihm zu helfen, seinem Schnuller bald „Adieu" zu sagen.

Ihre Margret Nußbaum

Adieu, mein kleiner Schnuller!

Das ist Mäxchen. Und das ist Mäxchens Schnuller.
Ohne seinen Schnuller geht Mäxchen nicht schlafen.

Wenn Mäxchen nachts wach wird, sucht es seinen Schnuller.
Oft liegt er neben dem Kopfkissen. Dann steckt Mäxchen ihn schnell wieder in den Mund.

Aber heute kann Mäxchen seinen Schnuller nicht finden.
Es steht auf und läuft ins Schlafzimmer zu Mama und Papa.
Mäxchen weint so laut, dass Mama und Papa wach werden. Sie trösten ihr Kind.

Mama und Papa helfen Mäxchen beim Suchen. Plötzlich entdeckt Papa
den Schnuller in einer Ritze zwischen der Wand und Mäxchens Bett.
„Mäxchen", ruft er, „ich habe deinen Schnuller gefunden!"

Mäxchen nimmt den Schnuller und steckt ihn in den Mund.
Mama und Papa geben Mäxchen noch einen dicken Kuss.
„Schlaf schön, Mäxchen!", sagen sie.

„Flaf fön!", ruft Mäxchen. Zum Glück kennen Mama und Papa die Schnullersprache. Andere Leute verstehen Mäxchen oft nicht mit dem Schnuller im Mund.

Wenn Mäxchen den Schnuller mal nicht im Mund hat, legt es ihn in eine kleine Schachtel. Sie steht neben Mäxchens Bett und sieht aus wie eine Schatzschachtel.

Mäxchen hat nämlich goldene Sterne auf die Schachtel geklebt. Und dann hat es gerufen: „Jetzt habe ich eine richtige Schatzschachtel für meinen kleinen Schnuller!"

Mäxchens Onkel kommt zu Besuch.

Er sagt: „Das ist aber eine schöne Schachtel!"

Mäxchen erklärt:
„Eine Fatzfachtel für meinen Fnuller!"
Der Onkel versteht natürlich kein Wort.
Mama und Papa meinen, dass Mäxchen
schon viel zu groß für einen Schnuller ist.

Einmal gehen Mäxchen und Papa einkaufen. Sie müssen lange an der Kasse stehen. Mäxchen tritt von einem Fuß auf den anderen. Es langweilt sich.

Mäxchen greift in seine Hosentasche und zieht seinen Schnuller heraus. „Gut, dass ich den dabei habe", denkt Mäxchen. Schnell steckt es ihn in den Mund.

Ein anderes Kind sagt zu seiner Mama: „Mama, schau mal! Das Kind hat noch einen Schnuller!" Es lacht Mäxchen aus. Mäxchen wird rot. Es steckt den Schnuller wieder in die Hosentasche.

Abends reden Mama und Papa mit Mäxchen. Sie sagen: „Mäxchen, du bist schon groß und kommst bald in den Kindergarten. Aber für den Schnuller gibt es dort keinen Platz. Es ist ja ein Kindergarten und kein Schnullergarten."

Wenn Mäxchen den Schnuller abgibt, darf es sich etwas wünschen. Es hat auch schon einen Wunsch, nämlich das große Schiff aus dem Spielzeugladen.

„Wenn ich das große Schiff bekomme, werfe ich den Schnuller fort!", sagt Mäxchen. Mama geht mit Mäxchen ins Spielzeuggeschäft. Sie kaufen das Schiff.

Zu Hause holt Mäxchen seinen Schnuller aus der Hosentasche und wirft ihn in den Abfalleimer. Es spielt mit seinem neuen Schiff. Das Schiff hat noch keinen Kapitän und keine Matrosen. „Die kaufen wir später", sagt Mama.

Heute geht Mäxchen zum ersten Mal ohne Schnuller schlafen.
Aber es kann nicht einschlafen.
Leise jammert es vor sich hin: „Ich möchte meinen Schnuller wiederhaben!"

Mäxchen steht auf. Es nimmt sein Schiff und geht zu Mama und Papa ins Schlafzimmer. „Ich mag das Schiff nicht mehr", weint Mäxchen.
„Ich möchte meinen kleinen Schnuller wiederhaben."

Dann läuft Mäxchen zum Abfalleimer. Es fischt den Schnuller heraus.
Mama und Papa packen das Schiff in einen Karton und bringen es auf den Dachboden.

Hoffentlich lachen mich die anderen Kinder nicht aus!

Nun sind es nur noch ein paar Tage, bis Mäxchen in den Kindergarten kommt. Ob die anderen Kinder nett sind? Oder ob sie Mäxchen auslachen, weil es immer noch einen Schnuller hat?

Mama hat eine Idee:

Wir bauen ein Floß. Du setzt deinen Schnuller darauf. Dann bringen wir es zum Bach und lassen es schwimmen. Stell dir vor, Mäxchen, dann macht dein Schnuller eine ganz weite Reise!

Das gefällt Mäxchen.

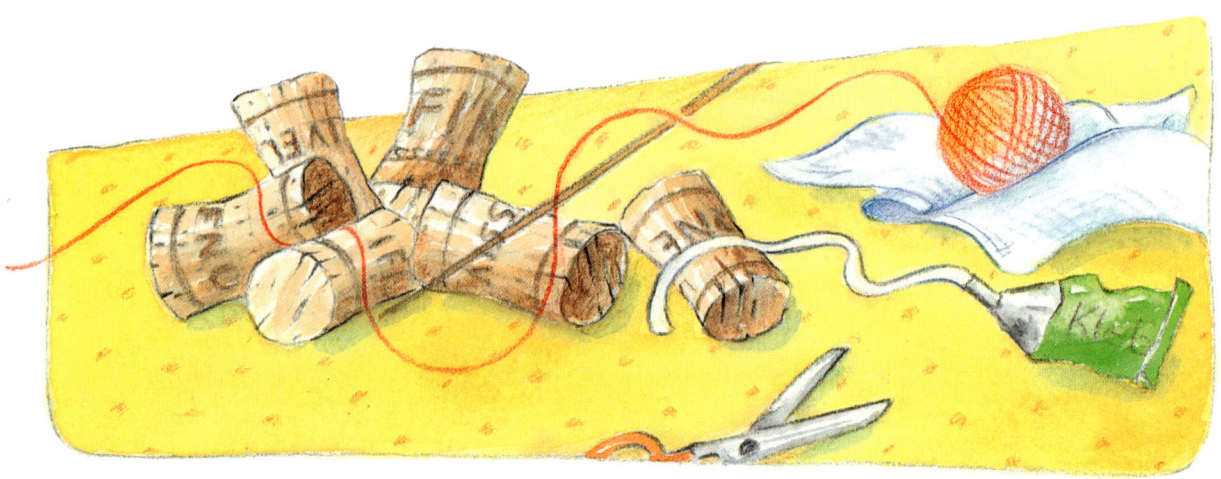

Mama holt Flaschenkorken, einen Holzspieß und Stoff.
Sie klebt die Flaschenkorken zusammen und steckt den Holzspieß als Mast in die Mitte des Floßes. Aus dem Stoff schneidet sie ein Segel. Mäxchen klebt es an den Mast.

*Dann bindet Mama Mäxchens Schnuller mit einem Wollfaden am Mast fest.
Denn er soll ja nicht vom Floß herunterfallen.
Mäxchen gefällt das Floß mit dem Schnuller. Es sieht lustig aus.*

Als Papa heimkommt, bewundert er das schöne Floß. „Komm, Mäxchen!", sagt er. „Wir ziehen unsere Gummistiefel an und gehen mit dem Floß zum Bach."

Mäxchen setzt das Floß mit dem Schnuller ins Wasser. Es schaukelt eine Weile vor und zurück. Dann bleibt es an einem dicken Stein hängen.

Papa watet durchs Wasser. Er macht das Floß wieder frei. Und es schwimmt davon. „Adieu, mein kleiner Schnuller!", ruft Mäxchen.

Mäxchen und Papa laufen dem Floß noch eine Weile hinterher. An einer Brücke bleiben sie stehen und winken dem Floß nach.

Als Mäxchen und Papa nach Hause kommen steht das große Schiff auf dem Tisch und neben dem Schiff liegt Mäxchens Schatzschachtel. Vorsichtig öffnet Mäxchen die Schachtel. Darin liegen ein Kapitän, ein Steuermann und einige Matrosen.

Am Abend stellt Mäxchen das Schiff vor sein Bett. Es segelt mit ihm mitten ins Traumland hinein. Auf dem großen Ozean sieht Mäxchen das Floß mit dem Schnuller. Mäxchen winkt ihm zu: „Gute Reise, kleiner Schnuller!", ruft es.